일루와요, 안아줄게요
안기고 싶었잖아요

일루와요, 안아줄게요.
안기고 싶었잖아요.

이시우 시집

시인의 말

"여기 당신의 시가 있습니다."

제 시는 화려한 수사가 아닌, 조용히 곁에 있어주는 마음을 담고 있습니다. 살다 보면 누구나 길을 잃을 때가 있습니다. 잘 가고 있는 건지, 멈춰도 되는 건지 알 수 없는 날들 말이지요. 그럴 때마다 저는 제 안의 목소리를 듣습니다. "괜찮아, 잘 하고 있어." 누구에게 묻지 않아도, 잘 살아온 어제가 앞으로 살아갈 내일을 비춰줄 것입니다. 그 사실을 깨닫고 나니, 모든 상처와 머뭇거림이 다 이유 있었음을 알게 되었습니다.

이 시집은 그런 마음에서 시작되었습니다. 잘 살아온 당신께, 여전히 잘 살아가고 계신 당신께 이 말을 건네고 싶었습니다. "일루와요, 안아줄게요. 안기고 싶었잖아요."

잠시 멈춰 서도 괜찮고, 조금은 돌아가도 괜찮습니다. 당신이 여기까지 오신 걸 보면, 이미 충분히 잘하고 계신 거예요. 이 책의 한 구절이 당신 마음을 살짝 안아드릴 수 있기를 바랍니다.

오늘을 살아내는 바쁜 당신에게 짧고 깊은 위로, 문학계의 숏츠인 '시'를 전합니다. 내가 받고 싶었던 그 사랑을 이제 당신에게 전합니다.

적절한 시기에 내리는 비, *시우*

| 1부 머물다, 너의 곁에 | 2부 들어간다, 그때로 |

시우時雨 / 10

고백 / 12

내품에서 / 14

잎사귀 / 16

전등 / 18

오늘 / 20

기둥 / 23

아득하다 / 25

다시 만날 세계에서 / 26

멀리서 / 28

민들레 / 30

새근새근 / 32

아랫목 / 34

뿌옇다 / 37

떠오르다 / 38

부끄러움 / 40

그대여 / 43

흐린 날 / 44

사랑은 사랑으로 / 46

다시 오지 않을 / 50

새벽녘 하늘 / 52

그만하자 / 54

참는다 / 56

여름 / 58

한순간 / 61

님 / 62

자국 / 64

낙화 / 66

오솔길 / 68

도망치다 / 70

답 / 73

창가 / 74

가로등 / 76

초대 / 78

조각 / 80

거울 / 82

고비 / 84

물음표 / 86

놔두다 / 88

발자국 / 90

3부 놓아주다, 그날을

이름에게 / 94
그럼에도 불구하고 / 96
누군가는 / 98
부디 / 100
별자국 / 102
자존감 / 104
옷장 / 106
번지다 / 108
이제라도 / 110
화살 / 112
삶 / 114
꽃 / 116
청계산 / 118
몽우 / 120
하루 / 122
남다름 / 124
월요일 / 126
같은 영화 / 128
절망 / 130
가끔 / 132
진심 / 134

4부 피어나다, 사랑

사랑 / 138
오늘에게 / 140
미소로 / 142
별명 / 144
날개 / 146
어떻게 / 148
괜찮아 / 151
두드리다 / 152
눈부처 / 154
순항 / 156
노파심 / 158
만족 / 160
아름답다 / 162
인생 / 164
양초 / 166
문학 / 168
내림 / 170
터널 / 172
양파 / 174
안녕 / 176
왈칵 / 178

1.

머물다, 너의 곁에

언덕 너머의
바람을 타고
그때의 기억이
불어온다

시우 時雨

당신의 마음 한 켠에
내리는 비가 되고 싶다

차곡차곡 빗물이 모여
흐르는 강이 되고 싶다

당신이 기쁠 때도 슬플 때도
누군가를 사랑할 때도
누군가와 이별할 때도

당신의 모든 시간 속에서
무심하게 흐르고 싶다

고백

감성과 이성을 넘나드는 지성과
의미와 재미를 오가는 재치와
영원의 무게를 견디는 강인함
그리고 이 모두를 간직하는 끈기
나는 그런 사랑이 하고 싶습니다

내 품에서

줘요 주세요
당신의 눈물을요

언제나 준비됐어요
하얗고 넓은 티셔츠가요

언제든 어떤 일이든
여기에 덜어내 주세요

당신의 아픔을 물들여 주세요
훨훨 날아가도록 말려줄게요

잎사귀

새하얀 이불 위로
잎사귀가 사뿐히 앉는다

따스하고 다정한 손길에
한 몸 같던 이불이 걷힌다

비우고 비웠던 내 방안에
수풀이 푸르게 번져나간다

내 마음에 봄이 왔다
당신이란 봄이

전등

전등 아래에서
우리가 나누었던 미소
그 미소 안에 품었던 온정에
두 몸이 전구빛으로 물들었지

전등 아래에서
우리가 나누었던 대화
그 대화의 선율이 몸에 흘러
당신이 없어도 내 몸은 춤을 추네

전등 아래에서
우리가 나눈 주황빛 시간
함께한 시간이 얼마나 되었다고
서로 없이 살아온 세월이 무색해지네

그대와 함께이길 기다리며
우리의 추억 속에 잠기는 나는
온몸이 주황빛으로 물들어가네

오늘

설레는 미래도
그리운 과거도 다 좋지만

찬란한 오늘이
생생한 지금이 눈 앞에 있다

오늘이 그날일지도 모른다
어제의 꿈꾸던 그날일지도
먼 훗날에 그리운 그날일지도

기둥

지평선 너머로
우뚝 선 등대가 보인다
성난 파도를 헤쳐
손을 뻗어보건만 터무니없다

파도에 밀려나는 마음을 다잡으려
눈 앞의 부표도 하늘의 달도
붙잡아 보건만 터무니없다

한 발 가까워질수록
한 발 더 깊은 바다로
너른 세상으로 내몰린다

언젠가를 기약하며
맘 속에 눈 속에
등대를 담는다

아득하다

아득하다
당신의 산에서
내려다보는 경치가

고단하다
당신이 떠나고
그 높이까지 올라서야

적막하다
낙엽 아래 바스락 웃던
도토리마저 자취를 감췄다

아득하다
당신을 잃어버린
나는 어디로 가야 하나

다시 만날 세계에서

손을 세차게 흔들어본다
곧 사라질 승강장 너머의 너에게
지금 사라질 이 세상에게 인사를 건넨다

이내 열차가 플랫폼에 들어온다
도착한 열차는 이 세상에서 너를
그리고 나를 영원히 앗아간다

빈 자리가 유독 크게 느껴진다
이제는 만날 수 없는 사라진 너에게
다시 만날 세계에서 더 사랑하자고 약속한다

멀리서

검은 파도가 친다
이 바다 건너엔 네가 서 있다
지난 여름에 두고 온 네가 서 있다

시리도록 차가운 겨울 바다가
지금 우리의 계절을 알려주듯
스아 스아아 내 발에 스민다

건너편의 너는 웃고 있을까
이 바다를 건너면 그 여름에 닿을까
검은 파도가 나의 상념을 쓸어간다

시리도록 차가운 바다의 품이
뜨거웠던 지난 여름과 포옹한다
두고 온 너에게 전하지 못할 포옹을 건넨다

민들레

봄 바람에 살랑살랑
나부끼는 민들레처럼
너의 몸은 가벼웠다

그렇게 너는
널 닮은 민들레가
피던 날 가버렸다

올해도 어김없이
민들레가 피었다
꼭 너처럼 웃는다

내년도 어김없이
민들레가 피겠지
그땐 꼭 웃어볼게

새근새근

숨소리를 듣는다는 건
참으로 애틋한 일이다
그만큼 가깝다는 뜻이고
그만큼 고요하단 뜻이다

숨소리를 느낀다는 건
참으로 벅찬 일이다
그대가 존재한단 뜻이고
우리가 함께한단 뜻이다

그 숨소리가 사라져야만
안다는 건 잔혹한 일이다
너에 대한 나의 간절함을

아랫목

나는 두려웠다
너와 함께한 기억 한 톨조차
너에게 잊히는 게 두려웠어

이제 나는 두렵다
잊고 싶지 않았던 만큼
영영 잊히지 못할까 두렵다

나는 이제 가야 하는데
야속한 세월이 당도하여
가야 하는데 어찌 너를 두고 갈까

하여 이 마음만 남기고 간다
서로의 뜨뜻한 아랫목이었던
그 기억 속엔 언제나 있을게

뿌옇다

뿌연 하늘 아래엔
시간을 가늠할 수가 없다
지금이 밤인지
지금이 낮인지

시간을 가늠할 수 없는 김에
흐린 하늘 아래 너를 찾아본다
이 사람이 너인지
저 사람이 너인지

찾다찾다 지친 나는 핑계를 댄다
나의 기억을 흐린 하늘에 희석시킨다
너를 잊었지만 사랑했다고
너를 사랑했지만 잊었다고

떠오르다

너에게 닿고 싶었다
다양한 물감을 준비해서
너와 그림을 그리고 싶었다

너를 그리고 싶어졌다
다양한 이야기에서 발견한
너의 특별함을 그려주고 싶었다

너를 그리던 어느 날이었다
물 위로 톡 떨어진 물감이었다
맑아진 물감이 물 위로 떠올랐다

아, 그저 물이 필요한 것이었다
물에서 자유로워진 저 물감처럼
너를 펼쳐내니 너의 환한 미소가 떠올랐다

부끄러움

왜 부끄러움은
깨어있는 사람의 몫일까요
그저 보이길래 보았을 뿐인데
내가 부끄러워 고개를 들 수가 없네요

왜 부끄러움은
사람을 뻔뻔하게 만들까요
숨기고 숨기다 드러난 당신의 민낯보다
당당한 당신의 태도가 미워서 견딜 수 없어요

왜 부끄러움은
아름답게 다가와서 상처만 남기고 가나요
당신과의 처음에서 부끄러워 설레었던 마음은
당신과의 이별에선 부끄러워 잊을 수 없어요

그대여

그대여, 거기 있나요
혹시 이 소리가 들린다면
손을 흔들어주세요

그대여, 거기 없나요
나는 그대가 보이는데
내 목소리가 닿질 않네요

그대여, 어디 있나요
우리의 시간은
왜 다르게 가나요

그대여, 그대여
내 이름을 불러주세요
나 당신을 꽉 안고싶어요

흐린 날

흐린 날이 좋아
세상의 모든 날것을
무뎌지게 해주니까

포근한 흐린 날이 좋아
뿌연 시야가 흐릿한 시야가
세상을 부드럽게 보게 해주니까

흐린 날이 좋아
날카롭게 박히던 너의 행동도
그래 그럴수도 있지라고 하게 되니까

사랑은 사랑으로

사랑은 사랑으로 쓰세요
사랑에는 다른 이름이 많아요
그래도 사랑은 사랑으로 쓰세요

사랑은 걱정이 될 수도
사랑은 질투가 될 수도
사랑은 분노가 될 수도 있지만
그럴수록 사랑은 사랑으로 쓰세요

사랑을 사랑으로만 쓸게요
어떤 마음이 밀려 올라와도
사랑이라고 핑계대지 않을게요

2.

들어간다, 그때로

도착한 언덕에
너가 서 있다
그때의 그 기억이
내게 말을 건넨다

다시 오지 않을

오늘이 그런 날입니다
다시 오지 않을 특별한 날

오늘이 이런 날입니다
함께하는 마음을 건네는 날

다시 오지 않을 오늘을
이렇게 편지로 붙잡아 봅니다

새벽녘 하늘

이 어스름한 하늘은
어찌나 나와 닮아 있는지
저 어지러운 구름조차 나 같다

이 어지러운 마음은
어찌나 나를 숨막히게 하는지
저 어스름한 하늘이 꾹꾹 누른다

이 숨막히는 마음은
어찌나 나를 헷갈리게 했는지
저 하늘이 나를 누른다고 생각했구나

이 숨소리를 고르고 보니
어찌나 나는 저 하늘을 몰랐나
날 누른 게 아니라 벗이 되어주었구나

그만하자

그만하자
네 글자가 우리를 끝냈네
둘도 없는 우리의 사이가
영원에서 추락해 버렸어

그만하자
언제부터 준비해 왔었니
나에게도 시간을 좀 주지
뭐하느라 이것도 미뤘니

그만하자
너가 없는 하루가 참 길다
이제서야 시간이 생겼는데
이제 더는 우리가 아니네

참는다

하루에도 수십 번 내 안을
오르내리는 너라는 물고기는
지금쯤 무얼 하고 있을까

너의 번호를 눌렀다 지웠다
너의 프로필을 눌렀다 껐다
너의 사진을 펼쳤다 덮었다

너를 보고싶은 마음보다
너를 사랑하는 마음이 더 크기에
이 마음이 새어나가지 않게 참는다

여름

구름 한 점 없는 여름하늘 아래
너와 나는 뜨거운 눈을 맞췄었지
강렬한 햇빛보다 선명했던 너와 나

무더위 속 바람 한 점 불지 않아도
너와 나는 맞잡은 손을 놓지 않았었지
오히려 미끄러운 그 손을 꽉 잡던 너

어느 날 내리는 소나기에
우리는 무력하게 바라봐야 했어
비에 씻겨 내려가는 우리의 사랑을

그때와 똑같은 여름인데
너와 나는 눈맞춤도 맞잡던 손도
그리고 실없던 미소마저 모두 잃었네

한순간

한순간만 살면 좋겠다
매일 지고피고 지고피는
한순간만 사는 인생이고 싶다

너도 한순간이면 좋겠다
나에게 있어서 네가 한순간이길
네가 준 기억 모두 잊을 수 있길

영원히 잊지 못할 거란 말보단
한순간도 기억할 수 없으면 좋겠단
나의 원망하는 마음 모두 흩어지길

님

님과 나 사이에
자그만 연못이 있다면
나는 그 연못을 사랑합니다

그 연못 안에 지난한
세월이 담길 때에도
그 연못 안에 까닭모를
눈물이 담길 때에도
나는 그 연못을 사랑합니다

끝내는 그 연못이
얼어붙더라도 마르더라도
그 속에 머무르고 싶습니다
나는 그 연못을 사랑합니다

자국

그렇게 자국이 남더라
누가 머물던 자리는
어떤 이였는지

그래서 많이도 울었어
따뜻했던 너의 자리엔
차가운 눈물 자국만

그렇게 너는 자국이 되었네
너를 떠올릴 그 빈자리가
언젠가 고마움만 남길

낙화

4월의 만개한 벚꽃나무 아래
흐드러지게 피었던 우리의 웃음꽃

갑자기 들이닥친 비바람에도
서로 의지하고 견디며 지켜냈었지

꽃처럼 자연스레 피고지는 거라면
좀 덜 아프게 우릴 보냈을지도 몰라

누가 널 꺾어갔다고 생각하니
아직도 아직도 미움보단 원망이 커

오솔길

이 길의 끝에는 네가 있을까
봄바람에 휘날리는 벚꽃잎처럼
무언가에 이끌려 발견한 길이었다

마치 너와의 첫 만남 같았다
끝이 보이지 않는 새까만 숲 속으로
네가 있으면 좋겠다는 맘으로 걸었다

이 길의 끝에는 내가 있었다
끝끝내 마지막에 다다른 내가 있었다
이제는 네가 없어도 괜찮다는 내가 있었다

도망치다

저 무심한 달은
나를 달래지도 않을 거면서
내 얼룩진 얼굴을 환히 밝히네

저 야속한 달은
어찌하여 나를 비추는지
매일 밤 잊지도 않고 쫓아오네

실컷 울고 미워하고 나니
이제야 저 달이 달리 보이네
그 모진 날들에도 함께였던 달이

답

답이라는 한 글자는
저 혼자 떳떳하다

답답이라는 두 글자는
합세해서 나를 압박한다

어쩌면 답은 그릇이다
마음을 담는 그릇이다

답을 바라는 마음이
답답한 무게가 되나 보다

창가

나는 오늘 당신이
어떤 하루를 보냈는지
알 수 없습니다

그러니 그저 옆에 앉아
창 밖의 비 내리는 풍경을
함께 묵묵히 바라봅니다

내가 말이 없는 이유는
말보다 더 큰 위로를
건네느라 그렇습니다

나는 이렇게 당신께
곁이 전하는 체온과 숨소리로
위로를 건네고 싶습니다

가로등

나는 가로등이 되고싶다
가장 가까이에서 널 비추고 싶다

벚꽃이 떨어지는 설레는 날에도
비 내리는 촉촉한 날에도
서늘한 바람에 센치한 날에도
눈보라에 고독한 날에도

나는 저 높이에서 널 비추는
태양도 달도 아닌
가장 가까이에서 널 비추는
언제나 어디에나 있는
가로등이고 싶다

초대

그대의 집에 초대해 주세요
내 마음과 몸 모두 기꺼이 갈게요

그대의 마음에 초대해 주세요
켜켜이 쌓아 올린 오늘의 내가 갈게요

지금의 순간에 초대해 주세요
지금이란 순간에 우리를 담고 싶어요

당신의 지난 세월도 초대해 주세요
온 마음으로 와락 안아버리게

조각

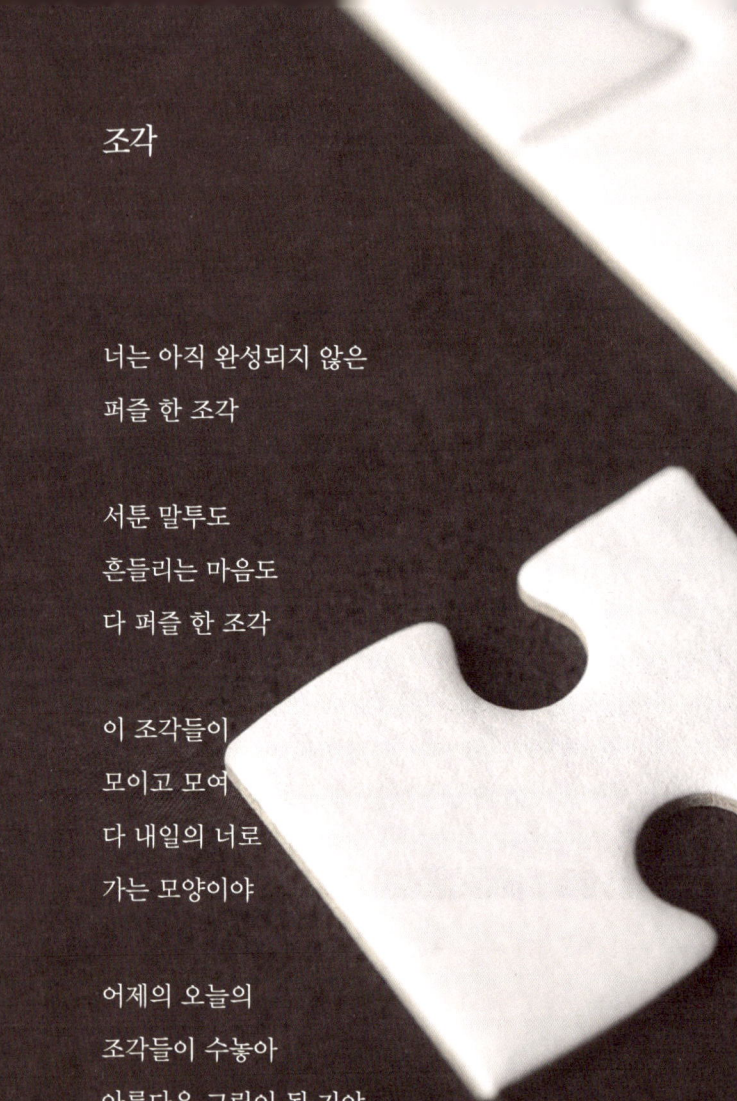

너는 아직 완성되지 않은
퍼즐 한 조각

서툰 말투도
흔들리는 마음도
다 퍼즐 한 조각

이 조각들이
모이고 모여
다 내일의 너로
가는 모양이야

어제의 오늘의
조각들이 수놓아
아름다운 그림이 될 거야

거울

너는 참 너 다웠다
너는 널 잘 알았다
너는 너답게 말했고
너는 너답게 웃었다
넌 그렇게 아름다웠다
그런 너에게 아름을 배웠다
그렇게 나를 알아갔다

나답게 말할 수 있게 됐고
나답게 웃을 수 있게 됐다
존재의 아름다움을 깨우쳤다

그렇게 너에게 세상을 배웠다
그러자 세상이 아름답게 물들었다

고비

구비구비 넘어가는
하루들이 지나가네
너와함께 울고웃던
시간들이 쌓여가네

고비속엔 눈물있고
일상속엔 웃음있네
우리마음 고쳐매고
길목마다 헤쳐가리

물음표

너라는 물음표가
날카로운 갈고리로
내 안 깊숙이 박혔다

점점 늘어가는 물음표와
다정한 마침표의 선율로
우리라는 음악이 탄생했다

하지만 어느 순간부터
관계에서 물음표가 사라졌다
그 자리엔 고요함만 남았다

놔두다

데굴데굴 데구르르
마음이 어쩌지를 못해
이리로 저리로 구른다

그저 발 닿는 대로
구르는 것이면 좋으련만
어쩌질 못해서 계속 구른다

놔두자던 그 맘은 어디 가고
널 향한 마음이 자꾸 날 당기니
네 쪽으로 넘어가 확 안고싶어진다

옳고그름도 우선순위도 옅어진다
복잡한 세상 일이나 저기 놔두고
그냥 너를 꽉 안고싶다

그러다 결국 너를 꽉 껴안는다
복잡한 세상 일은 저기 놔두고
사랑이라도 마음 가는 대로 하자

발자국

한 걸음 떨어지니 이제야 보인다
이렇게 정확한 나와
그렇게 머뭇거리는 너
우리는 꽤 다르구나

한 걸음 떼어낼 땐 참 아찔했는데
두 걸음 떼어내니 내가 보이고
세 걸음 떼고 나니 네가 보인다
우리가 다름을 즐길 수 있을까

너가 상처 입은 네 손을 볼 때에도
나는 우리라는 전체적인 그림을 보았다
너의 이기적인 시간이 길어질수록
나는 선명해지고 너는 흐려져간다

3.

놓아주다, 그날을

몇 번이고 되뇌이며
그날에 머물렀다

그날에 두고오니
이제는 마음이
한결 가볍다

이름에게

산 등성이에 서 있는 너를 불러본다
아 아 아 메아리쳐 오는 너의 이름
산울림이 응원한다 너의 의미를

이름은 마치 산 메아리와 같다
매일 너는 네 이름으로 메아리져
한 발 한 발 너의 의미에 가까워진다

난 오늘 너의 메아리가 되어본다
이만큼 네가 되느라 너무나 애썼다고
이토록 너의 찬란한 의미를 불러본다

그럼에도 불구하고

어느 저녁의 밤이었다
이랬을 것이다 저랬을 것이다
이래야 한다 저래야 한다

두런두런 두서없는 밤이었다
그 지난 과거에 불려가느라
곧 다가올 미래에 끌려가느라

그럼에도 불구하고 도착한 새벽이었다
내가 도달한 이 새벽 공기를
마음 깊숙이 들이쉬었다

이제야 도착한 지금이었다
나의 지난 과거는 내 안에 있고
나의 다가올 내일도 내 안에 있었다

누군가는

누군가는 '내'가 되고 싶어한다
내가 '누군가'가 되고 싶듯이

'누군가'를 통해 알게 된다
결국 내가 되고 싶었다는 걸

누군가에겐 누군가가 필요하다
서로를 비춰볼 거울이 되도록

나의 울분이 너의 쉼표가 되듯
나의 고민이 너의 거울이 되길

부디

오늘을 시작으로
새로운 세상으로 나아간다

오늘을 마지막으로
정들었던 이곳과 작별한다

부디 서로의 내일은 새롭고
부디 우리의 내일은 어제 같길

별자국

밤하늘의 수많은 별들 중
가장 반짝이는 별을 따라가
맨 처음 떠오르는 그 생각들을
쫓다 보면 널 발견할 수 있을 거야

자존감

자신을 존중하는 이 마음은
아주 사소한 것들에서 티가 난다

무엇을 먹었는지 행복했는지
잠은 충분히 잤는지 개운했는지
자기의 시간으로 하루를 채웠는지

하루를 시작할 때 설레었는지
하루종일 찾아오는 선물을 받았는지
하루를 마무리할 때 감사했는지

나의 하루가 나의 시간으로 물들면
비로소 나의 그림이 다양한 색채로 완성된다

옷장

어떤 옷을 좋아하는지
어떤 추억이 특히 소중한지
옷장을 살펴보면 알 수 있다

인생을 미리 살아보는 방법은 없지만
걸어둔 지난 세월을 살펴볼 수는 있다
그 세월들 덕분에 내다볼 수 있다

편하단 이유로 몇 벌만 돌려 입지 않았는지
있는지도 모를 정도로 안 입는 옷이 있는지
활짝 열어 옷장을 살펴보자

우리는 얼굴에도 이렇게
지난 십 년의 세월을 걸어 둔다
마음장을 활짝 열어 감정을 입어보자

번지다

하늘에서 땅으로
비가 내린다 후두두둑

내 눈에서 네 눈으로
눈길이 소리 없이 번진다

마음에 콕 박힌 고민도
마음 밖으로 번진다

그렇게 비와 함께
바깥으로 번져나간다

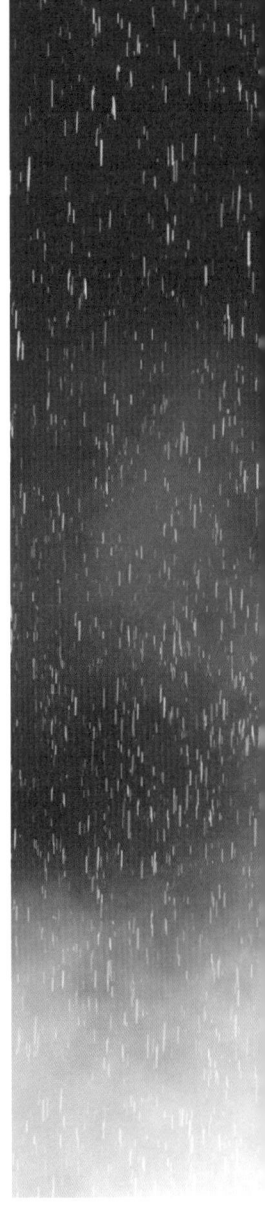

이제라도

그땐 몰랐다
아니 모르려고 노력했다

알아도 알면 안 됐다
바라는 마음을 꽁꽁 감췄다

그렇게 가둔 마음은
나의 감정을 포로로 잡았다

이제라도 좀 놓아주자
나의 손을 꼭 잡아주자

화살

쏘아진 화살을 멈추기란
발사된 총알을 멈추기란
관성을 거스르는 어려운 일이다

모처럼의 긴 연휴에
단란하게 여행을 나섰다면
일거리도 일생각도 두고 나서라

문득문득 조바심이 엄습할 때면
오히려 조바심에게 겁을 주어라
그렇게 관성으로부터 자유로워져라

자연에 깃든 무수한 색채를
사람들이 뿜는 눈부신 미소를
지금의 장단에 자유롭게 춤을 추어라

삶

산다고 살아지던가
살만해야 살아지더라

죽겠다고 죽어지던가
죽을 만해야 죽어지더라

사느냐 죽느냐로 살 것인가
살고 싶은 하루로 채워보아라
그 하루가 삶을 이끌어줄 것이다

꽃

누군가 말했다
난 꽃이 참 좋아
걔는 손이 많이 가더라
그래서 참 예뻐하게 되더라

누군가 말했다
난 꽃이 참 싫어
걔는 물도 줘야 하고
너무 금방 시드는 것 같아

어쩌다 달라졌을까
함께 영원의 정원을 꿈꾸었건만
서로의 다름이 틀림이 되어버렸다
다름을 즐기던 여유는 어디 갔을까

청계산

청춘의 청은 푸른 멍이라고
누가 그리 말했던가

거칠고 억센 물살에 깎인다
어리고 여린 살들이

내려올 땐 맑은 계곡에 두고 오라
등에 지고 오른 그 많은 근심을

그렇게 너는 새 살을 입으라
모든 근심과 슬픔을 벗고

몽우

자욱한 안개가 짙은 어느 산자락에
바위를 덕지덕지 뒤덮은 이끼마냥
나의 숨도 마구잡이로 붙어있었다

숨이 붙어있으니 산을 올라야 한다고
누구보다 빠르게 멀리 가야 한다는
소리에 그렇게 등 떠밀려 올랐다

그렇게 오른 산이 무슨 의미가 있을까
여기가 어떤 산인지 무엇이 사는지
나의 산을 아는 게 먼저이지 않은가

꿈결 같은 자욱한 안개를 걷고
나를 떠밀던 그 손을 보라
사실 그 손은 힘이 없다

그렇게 멈추어 나의 산을 보라
저기 구석의 민들레부터 나무까지
나의 산은 사랑하지 않을 구석이 없다

하루

힘차게 집을 나서서
멋진 하루를 낚으러 가자
펄떡이는 물고기처럼
마구 생동하는 하루를 낚아오자

낚아온 많은 물고기가
너의 재산이 되어줄 것이다
이제 곳간이 배가 불러갈텐데
그래도 무엇이 그리도 불안할까

집에 와서도 여전히 바다를 서성인다
넘실대는 불안에 물고기처럼 퍼덕거린다
쇼핑 TV 오늘은 무엇으로 허기를 달랠까
소유로 불안을 재운다
존재의 무게를 지운다

남다름

난 그저 남다른 사람이었는데
사람들은 내게 유별나다고 했다
그 중에 너만 날 특별하다고 했다
그렇게 우리는 사랑을 시작했다

나의 남다름을 사랑해줘서
너의 남다름을 사랑할 수 있었다
언제부터 나를 유별나다고 대할 때
오늘만 실수라는 너의 말을 믿었다

나는 너의 나와 다른 구석을 발견하고
그런 발견을 있는 힘껏 사랑하느라
나조차도 나의 남다름을 함께 방치했다
그렇게 점점 너도 나도 다른 사람이 되어갔다

우리는 이제 남이 되었다
다른 구석을 발견할 필요도
다른 구석을 사랑할 이유도
모두 사라지고나니 비로소 내가 되었다

월요일

월요일은 항상 힘드니까 우리
월요일을 냠냠 먹어보자 우리
월요일엔 치킨, 치킨에는 맥주
월요일엔 족발, 족발에는 소주

우리동네 가게들은 월요휴무
우리부엌 야식담당 연중무휴
우리둘이 나는요리 너는세팅
우리둘은 넷플릭스 쩝쩝박사

도란도란 수다하다
깔깔대며 함께웃다
슬프다며 휴지주고
묻었다며 닦아줬지

천년만년 너와함께
동고동락 늙을수만
있었다면 좋았겠다
그립구나 나의님아

같은 영화

영화 같은 삶은 무얼까
마냥 예쁘기만 한 삶은 아니겠지
우리도 항상 예쁘지만은 않았으니

영화 같은 삶에서도
마냥 즐거움만 있지는 않더라
지금의 귀함은 너무 가벼우니까

영화 같은 삶이었더라
서로의 다름에 반하고 화냈지
우린 닮았지만 너무 달랐으니까

같은 영화는 이제야 끝났어
각자의 시간 속으로 걸어가자
함께였던 그 영화에서만 같이 있자

절망

캄캄한 어느 밤
절망 끝에 다다랐다
분명 여기에는 있을 줄 알았다

그렇게도 간절한 마음으로
이 산에 올랐건만 여기에도 없었다
까마득한 산 아래에서 비웃음이 올라왔다

갈 곳 잃은 내 발은
이제 어디로 가야 하나 애꿎기만 하다
허망한 이 내 마음을 녹여주는 태양이 뜬다

매 순간 무너질 때즈음
눈부시게 강렬한 해가 내 그늘을 밀어낸다
정갈해진 마음으로 내일도 다시 오르리라

가끔

가끔 사랑할 걸 그랬어
네 생각으로 깊어지는
이 고통이 우리의 고통인 줄 알았어

가끔 미워할 걸 그랬어
네 생각으로 이해하려는
이 마음이 우리의 마음인 줄 알았어

가끔 그리워할 걸 그랬어
네 생각으로 가득차는
이 하루가 우리의 하루인 줄 알았어

가끔 그리워 해줄래
네 생각으로 설레었던
이 사랑에게

진심

당신을 향해 손을 내민다
당신께 나를 힘껏 내민다

당신의 시간에 닿기 위해
나의 진심을 전하기 위해

이 가득한 마음 고이담아
부디 다 전해지길 바란다

4.

피어나다, 사랑

얼룩진 그 자리는
비워낸 그 자리는

어느새 새싹이
말간 얼굴을 내민다

사랑

사랑 덕에 나고 자란
아주 귀한 당신께

당신만큼 소중한 건
이 세상에 없습니다

당신의 세상에 나를
초대해줘서 고맙습니다

오늘에게

오늘에게 오늘이
의미가 없을 수도 있다
하지만 반드시 온다
의미 없는 하루란 없다

지금이 아닐 뿐이다
의미보다 오늘이 좀 빨랐을 뿐이다
한 숨 두 숨 자고 나면
어느새 문을 살포시 두드릴 것이다

미소로

우연히 만난 당신에게
그저 조용히 미소를 건넨다

우리 모두 말 못한 사연들로
각자의 전투를 치르고 있을 것이다

친절하리라 그 어느 때라도
그렇게 조용한 응원을 건넨다

별명

딱하고 떠오른
너의 특별한 구석
애정을 가득 담아
지어봤어, 네 별명

내 욕심으론
나만 알고 싶고
나만 부르고 싶어
별처럼 빛나는, 너

날개

날개를 펼치기 전까지는
우리는 어떤 새인지 모른다

단단하고 위엄있는 날개로
하늘을 누비는 독수리일지

눈부시게 새하얀 날개로
호수 위를 빛내는 백조일지

그러니 있는 힘껏 날개를 펼쳐라
당신의 환한 미소로 세상을 날아라

어떻게

어떻게 그럴 수 있을까 싶지만
가만가만 생각해보면 그렇더라

자신의 언어로 자신의 방식으로
도우려는 사람들이더라

어떻게 들으면 속상한 이야기
어떻게 들으면 힘이 되는 이야기

가리키는 손가락이 아니라
그 너머의 진심을 보아라

괜찮아

아무것도 아니어도
실패해도 주저앉아도
그래도 괜찮아

바람이 불면 부는 거고
눈이 오면 오는 거잖아
그런 게 자연이잖아

너도 자연의 일부야
지금 너의 계절이
너다울 뿐이야

두드리다

고요한 호수에 물방울이
수면을 똑똑 두드렸다

한 방울 한 방울이 모여서
호수에는 파문이 일었다

호를 그리며 휘어지는 모습은
무엇이든 다 좋다는 서로의 미소

어느 날 아침에 시작된
호수와 물방울의 스케치

눈부처

오늘 하루는 어땠냐는 말로
한바탕 수다꽃이 활짝 피었네
한 걸음씩 가까워지는 너의 얼굴

그렇게 너의 이야기에
푹 빠져있다 문득 발견했어
반짝이는 네 눈 속에서 나를

그렇다면 너도 내 눈 속에서
웃고 있는 너를 발견하겠구나
빛나는 눈 속에서 우리는 서로를

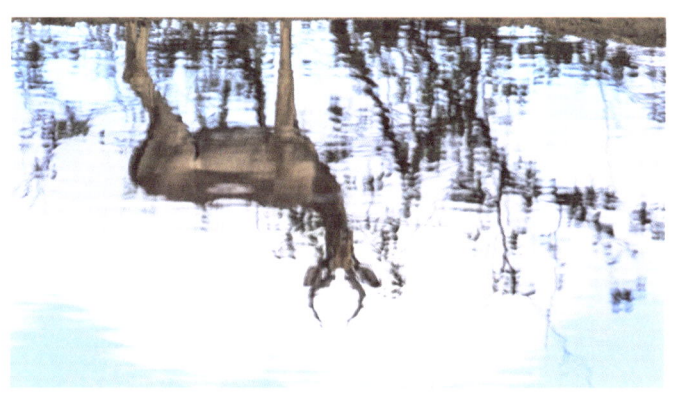

순항

부우우우 경적소리가
고요한 바다를 가로지르고
나는 너의 품으로 나아간다

맑은 하늘과 힘찬 바람
어쩜 이리도 합이 좋은지
이 너른 품을 힘차게 누빈다

성난 파도와 소란스런 하늘
그땐 왜 그리 힘겨웠는지
이제야 비로소 나아간다

노파심

걱정이 쌓여간다
살아온 세월만큼
조언이 늘어간다
사랑한 무게만큼

듣는 이는 헤아려라
소리 너머의 마음을
하는 이는 돌아봐라
잘 살아낸 세월들을

그저 사랑만 건네라
괜한 시간만 흐르더라

만족

어린 시절에는 늘 만족스러웠다
사탕 하나에도 감사와 미소가 어렸다

그러던 내가 훌쩍 커버린 키만큼
만족의 의미도 자라버린걸까

발이 찰 만큼의 물
만족은 여전히 발 아래에 있었다

잠시 여유를 가지고 하루를 돌아보자
찰랑대는 만족의 물결에 발을 흠뻑 적셔보자

아름답다

아름, 나를 아는 마음
그래서 아름답다라니
여태 모르고 살았다

알아도 아름답기는 어렵다
다 큰 어른에겐 아름답지
못할 이유만 한 가득이니까

어린 시절엔 아름다울
이유만 세상 한 가득이었던
그때 그 꼬마는 어딜 갔을까

다 자란 꼬마가 말한다
아름답다를 먹으며 입으며 자라
당신에게 아름답다를 싱긋 건넨다

인생

의미와 무의미는
세상에 둘도 없는 친구이다

빛이 있다는 전제에선
어둠은 빛이 없는 것이고

어둠이 있다는 전제에선
빛은 어둠이 없는 것이다

무의미 입장에선
의미는 공백이 없는 것이다

빛과 어둠이 그려낸 사진처럼
의미와 무의미는 인생을 그려낸다

양초

너라는 불을 만나기 전까지
나는 내가 양초인 줄 몰랐다

너를 만나고 나서 알았다
너로 인해 내가 타오르고
녹아내린다는 것을

세상을 함께 물들이고 싶다
너와 함께 불꽃을 일렁이고
그 따스한 빛으로 주위를

너라는 영롱한 불을 만나
아름답게 흐르고 싶다

문학

문학은 집 앞 나무와 같다
나무에는 햇살도 앉았다 가고
비라도 내릴 때면 합창을 한다

때로는 과묵하게
때로는 소란스럽게
나무는 세상과 교감한다

집 앞 나무는 문학이 된다
햇살과 바람에 귀를 기울이며
존재의 아름다움을 그려낸다

내림

너에게 나를 내린다
풋풋하고 생긋한 어린 잔디 위
나지막한 오후의 햇살이 스며든다

뭉근한 온기가 내려앉는다
보송보송한 솜털이 간지러울까
숨마저 고르며 너의 단잠을 쓰다듬는다

소근소근 숨소리가 들려온다
앙 다문 입술 사이로 새어나오는 숨소리에
어느 평범했을 오후가 너로 아로새겨진다

터널

하염없이 어둠을 걷는다
내가 걷는지 어둠이 지나는지
믿을 건 오로지 두 발뿐

무얼 향하는지 알 수 없다
당신에게 멀어지는지
당신에게 가까워지는지

오갈 데 없는 이 마음으로
걸음이 다 무슨 소용인가
싶건만 그래도 걸어본다

이어진 걸음 속에서 마주한다
당신이 보내준 사람들
그 사랑 안으로 마저 걸어간다

양파

오늘은 어떤 하루였니
내가 나의 손을 맞잡는다
어떤 날은 어깨를 다독이고
또 어떤 날은 손을 꽉 잡아본다

하루하루 공들여 도닥이다 보니
겹겹이 쌓아온 양파 같은 세월도
한 꺼풀 두 꺼풀 훌훌 벗겨진다

벗겨진 세월에 가슴이 아려와
두 손이 촉촉이 젖어든다
이렇게나 손 타는 아이를
여태 벌을 세워두었구나

그래 가보자
오늘 만큼은 푹 들어가
함께 다정히 벌을 서보자꾸나

안녕

당신과의 처음의 그 순간에게 안녕
눈빛에서 눈빛으로 번지는 그 순간
영영 남이 되어버릴 수 없게 된 지금
하루하루 안녕을 묻는 사이가 된 지금
세상에서 당신을 모르던 그 때에게 안녕

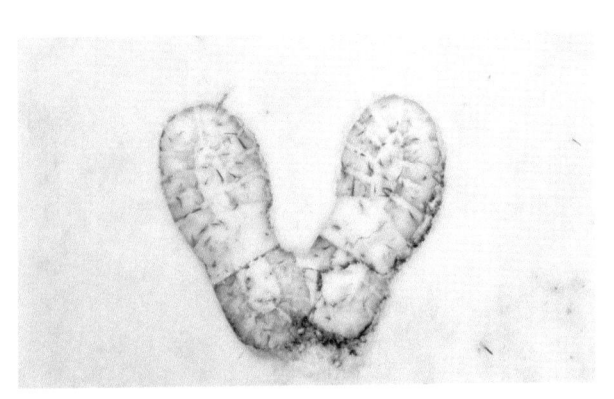

왈칵

나는 지금 바다에 있어
파도가 넘실대는 바람에
배 안으로 바닷물이 왈칵
밀려들어와

나는 지금 그때에 있어
서로의 넘실대는 눈빛에
우리 안으로 사랑이 왈칵
밀려들어와

나는 홀로 바다에 있어
너와의 넘실대는 추억에
내 안으로 마음물이 울컥
밀려들어와

첫판 1쇄 펴낸 날 2025년 10월 18일

지은이 · 이시우
펴낸이 · 유정숙
펴낸곳 · 도서출판 등
기　획 · 유인숙
관　리 · 류권호
디자인 · 김현숙
편　집 · 김은미, 이성덕

ⓒ 이시우 2025

주　소 · 서울시 노원구 덕릉로 127길 10-18
전　화 · 02.3391.7733
홈페이지 · dngbooks.co.kr
이메일 · socs25@naver.com

정　가 · 18,000원

• 이 책은 저작권법에 따라 보호받는 저작물이므로 무단 전재와 무단 복제를 금합니다.
• 이 책의 전부 또는 일부를 이용하려면 저자와 도서출판 〈등〉에 동의를 받아야 합니다.
• 이 책에 쓰인 그림은 정해진 절차에 따라 저작권자의 동의를 받아 사용하였습니다.